Ciao ragazzi, oggi parlerò di un modulo interessante noto come definizione degli obiettivi e gestione del tempo. Ebbene, prima ancora di iniziare a parlare di questo modulo, vorrei che ti ponessi queste tre domande, introspettandoti e ponendoti queste tre domande.

Uno, hai degli obiettivi nella vita? Due? Hai mai provato a pensare o scrivere su questi obiettivi? E tre, hai mai rivisto questi obiettivi su un periodo di tempo settimanale, mensile o annuale? Bene, se hai risposto no a ciascuna di queste domande, questo è per te che vorresti davvero fare attenzione.

Quindi iniziamo. Oggi parleremo di linee guida efficaci su cosa sia esattamente l'obiettivo, come impostare obiettivi e come creare un piano d'azione davvero meraviglioso per te stesso per raggiungere i tuoi sogni e i tuoi obiettivi.

L'agenda di oggi sarà molto specifica sulla definizione degli obiettivi. capiremo e definiremo gli obiettivi e la definizione degli obiettivi. Perché la maggior parte delle persone non fissa degli obiettivi? Getteremo molta luce su questa comprensione delle sfumature della definizione di obiettivi efficaci Obiettivi SMART Ora questo acronimo chiamato obiettivi SMART è qualcosa di cui parleremo molto in dettaglio.

Ognuno di questi rappresenta un motivo particolare per cui gli obiettivi falliscono, quindi i motivi per cui gli obiettivi falliscono nella vita, le linee guida per la definizione degli obiettivi e diversi tipi di obiettivi. Questi sono tutti i sottomoduli di definizione degli obiettivi che tratteremo oggi. Ebbene, se devo definire cosa sia esattamente un obiettivo, dice una definizione del dizionario di obiettivi, l'obiettivo è un punto che segna la fine di una gara, un oggetto di sforzo o un'ambizione.

È come se una destinazione finale che si desidera raggiungere e raggiungere l'obiettivo è definita come il processo per decidere cosa si vuole fare nella vita e anche per elaborare un piano per ottenere ciò che si vuole ottenere. La definizione degli obiettivi, amici miei, è uno strumento molto, molto potente. Ti aiuterà a dare una direzione alla tua vita. E una volta che hai una direzione nella tua vita, la vita diventa ancora più piacevole da vivere.

Comprendiamo i motivi per cui molte persone non si pongono obiettivi. Bene, ci sono molte ricerche fatte su questo motivo particolare. E alcune di queste ragioni sono atteggiamenti pessimistici. Bene, molte persone pensano in modo negativo sugli obiettivi e pensano che perché dobbiamo davvero fissare obiettivi in modo che sentano che sia un po 'negativo fissare obiettivi per se stessi? Paura di sbagliare.

Questo è un motivo per cui molte persone temono di avere un fallimento se non si fissano degli obiettivi e questo è il motivo per cui non vanno davvero sulla strada della definizione degli obiettivi perché temono il fallimento. Ignoranza sull'importanza degli obiettivi.

Non sanno davvero qual è l'importanza della definizione degli obiettivi e quindi non stabiliscono obiettivi, una mancanza di conoscenza sulla definizione degli obiettivi, non sanno davvero da dove iniziare, come affrontare l'intero processo di definizione degli obiettivi . E sentono che non è scienza missilistica fissare degli obiettivi e quindi, a causa del quale dimenticano o piuttosto non riescono a fissare obiettivi.

A molte persone manca l'ambizione. Ora, mancando di ambizione, sto davvero cercando di dire che le persone hanno conforto nella zona comoda. E non vogliono sfidare se stessi. Non hanno grandi ambizioni da raggiungere nella vita, e quindi stanno bene a rimanere come sono. Quindi la mancanza di ambizione è anche un motivo per cui le persone non si fissano obiettivi. Bassa autostima, non pensano molto a se stessi ed è per questo che non si fissano obiettivi.

E, ultimo ma non meno importante, temono di essere rifiutati. E il rifiuto, miei cari amici, può essere un modo molto potente per non fissare obiettivi. Quindi amici miei, questi sono tutti i motivi per cui le persone non si pongono obiettivi e capiamo che sono tutti lì nella nostra mente, dobbiamo superare le nostre emozioni, dobbiamo superare tutte queste paure per provare davvero a raggiungere obiettivi per noi stessi. Bene, se hai anche stabilito degli obiettivi, gli obiettivi tendono a fallire.

Il motivo per cui gli obiettivi falliscono è probabilmente che non hai annotato gli obiettivi. Obiettivi, se non sono scritti sono semplici parole. Quindi, gli obiettivi devono essere scritti e devono essere scritti al presente. Non avere alcuna ricompensa per te stesso può anche essere un motivo per cui gli obiettivi falliscono, non realistici. Puoi fissare obiettivi irraggiungibili o irrealistici per te stesso.

Bene, che i miei amici possono anche portare a un fallimento nel fissare questi obiettivi. I tuoi obiettivi potrebbero continuare a cambiare, potresti avere un obiettivo un giorno e dopo 10 giorni potresti cambiare l'obiettivo con un'altra cosa, mentre la mente e il cervello si confondono a questo proposito, i miglioramenti possono essere un fallimento nel fissare gli obiettivi. nessuna responsabilità, nessuna proprietà. Se non stabilisci obiettivi e non ti assumi la responsabilità e la proprietà per loro, ciò porta al fallimento degli obiettivi.

Bene, quello che sto cercando di dire qui è stabilire degli obiettivi per te stesso, non per i tuoi genitori, non per i tuoi capi, i tuoi manager, non per i tuoi amici o fratelli, stabilisci degli obiettivi per te stesso, perché solo allora avrai responsabilità e proprietà per lo stesso. Nessuna linea temporale. Questo può anche essere uno dei motivi principali per cui gli obiettivi falliscono. Se non hai una linea guida temporale o una scadenza per raggiungere questi obiettivi, non saprai davvero quando lo raggiungerai.

Quindi, amici miei, questi sono i motivi per cui dobbiamo davvero assicurarci di non essere in grado di raggiungere questi obiettivi e il fallimento di questi obiettivi. Perché abbiamo davvero bisogno di fissare degli obiettivi? Quali sono i vantaggi della definizione degli obiettivi? Diamo un'occhiata a questo Bene, se stabilisci degli obiettivi prendi il controllo e la carica della tua vita, conosci la direzione della tua vita dove sta andando. E quando sai dove vuoi andare, ti stai mettendo nella giusta direzione in modo da avere il controllo sulla tua vita.

Ti concentri sulle cose più importanti e quindi sprechi, non sprechi tempo in cose non necessarie. Prenderai buone decisioni se hai fissato obiettivi, prenderete sicuramente decisioni più intelligenti e corrette nella vita. Puoi completare l'attività in modo molto efficiente. Se ti sei posto degli obiettivi.

Sarai sicuramente molto molto fiducioso se hai fissato degli obiettivi. E, ultimo ma non meno importante, sei un passo avanti verso il successo. E quelli potrebbero essere i tuoi amici è il motivo per cui vogliamo fissare degli obiettivi. Bene, se sappiamo che ci sono così tanti vantaggi nel fissare degli obiettivi. Perché non fissiamo obiettivi? Questo è qualcosa che vorrei davvero che ti chiedessi.

Ora ci sono diversi tipi di obiettivi. Preferirei essere diviso in due categorie dicendo che ci sono obiettivi personali e obiettivi professionali. Vogliamo che la maggior parte di voi si concentri davvero su questi due diversi aspetti in modo diverso. Dovresti sempre biforcare i tuoi obiettivi in obiettivi personali e obiettivi professionali.

Ci sono tre tipi in queste due categorie. Hai obiettivi a breve termine, obiettivi a medio termine e obiettivi a lungo termine. Ebbene, gli obiettivi a breve termine non sono altro che avere obiettivi fissati per uno o due anni da adesso. I tuoi obiettivi a medio o medio termine vanno da tre a cinque anni da adesso e i tuoi obiettivi a lungo termine sono oltre i cinque anni.

Bene, se vuoi essere davvero efficace nella definizione degli obiettivi, stabilisci obiettivi, a breve, medio e lungo termine annota tutti questi. Ci sono due passaggi per la definizione degli obiettivi. Per favore, non pensare che la definizione degli obiettivi sia un processo molto grande. E richiede davvero molto lavoro. Sì, richiede molto lavoro, ma non è scienza missilistica, è facile da fare. Quindi comprendiamo due passaggi per fissare gli obiettivi.

La prima parte della definizione di un obiettivo è che devi decidere cosa vuoi fare. Questo è molto importante, devi sapere dove vuoi andare nella vita. E una volta che sai che devi lavorare per realizzare un piano d'azione che ti porti avanti verso quell'obiettivo.

Quindi due passaggi per decidere cosa vuoi fare. E una volta che sai che ideare un piano d'azione per arrivarci. Ebbene, per la maggior parte delle persone, è la seconda parte della fase di definizione degli obiettivi che è problematica o difficile per loro. Abbiamo questo per renderti tutto molto facile.

Vediamo cosa sono. Bene, la definizione degli obiettivi è importante a causa di diversi motivi e abbiamo bisogno di impostare la nostra dichiarazione degli obiettivi per lo stesso foglio degli obiettivi ci aiuterà ad avere obiettivi motivanti e una volta che siamo motivati, raggiungeremo sicuramente i nostri obiettivi. Ci aiuta a fissare obiettivi SMART che tratteremo tra poco da ora. Aiuta ad avere obiettivi per iscritto. Come ho detto prima, gli obiettivi che non sono scritti sono semplici parole. Non è altro che sogni e bisogni. Gli obiettivi devono essere annotati.

Fare un piano d'azione è molto importante per un processo di definizione degli obiettivi. Mantenerlo è molto importante. Non scrivere un obiettivo e poi lasciarlo devi mantenerlo. E, ultimo ma non meno importante, devi leggerlo ogni singolo giorno della tua vita.

Tieni sempre il tuo obiettivo davanti a te e guardalo mattina e sera o ovunque tu possa durante il giorno. Assicurati di leggere i tuoi obiettivi. Più leggi i tuoi obiettivi, più aiuta a rimanere nel cervello. Identificare i tuoi obiettivi è molto importante. Devi sapere quali sono i tuoi obiettivi per questa particolare parte del processo.

In termini di sapere quali sono i tuoi obiettivi. Vorrei che ognuno di voi si siedesse separatamente con se stessi, nessuna tecnologia, nessun tipo di telefono o laptop o iPad, niente musica, niente nemmeno i membri della famiglia intorno a te si isolassero in un angolo della tua casa o ovunque fuori trovi il tempo di pace , dedica circa 30 a un minuto del tuo tempo e cerca di capire e scrivere quali sono i tuoi obiettivi nella vita. Prova a scriverlo e assicurati di ripeterlo ancora e ancora. Mettiti in discussione e identifica quali sono i tuoi obiettivi.

La tua dichiarazione di obiettivo deve avere queste tre domande che devi porci e questo è molto, molto essenziale. Ponetevi queste tre domande. Primo, cosa vuoi ottenere? chiediti davvero cosa vuoi ottenere? Perché vuoi ottenerlo? Deve esserci una ragione dietro a tutto. La tua mente ha bisogno di ragioni.

Quindi chiediti sempre perché vuoi davvero raggiungere questo obiettivo? una cosa particolare. E in terzo luogo, come lo raggiungerai? Dopo aver risposto a tutte queste tre domande, la tua dichiarazione di obiettivo è pronta per essere formulata. E miei cari amici, è molto importante che non perdiate nessuna di queste domande perché a qualsiasi cosa a cui non rispondete, non sarete in grado di completare l'intera procedura di definizione degli obiettivi.

Ora stiamo entrando nel nostro modulo più importante di questa particolare sezione sulla definizione degli obiettivi. Come impostare obiettivi SMART. Innanzitutto, capiamo qual è l'acronimo di smart che sta per S sta per specifico. M sta per essere misurabile, a è realizzabile, R è realistico e T è tempestivo.

Bene, se ti fai un obiettivo e se non è un obiettivo SMART, non vale la pena sprecare il tuo tempo e le tue energie per il tuo obiettivo deve essere intelligente e ora stiamo imparando a renderlo anche un obiettivo SMART. Sta per, come ho detto prima, specifico, il tuo obiettivo deve essere specifico e non generale. Affinché sia specifico, è necessario porsi alcune domande come chi, cosa, dove, quando e perché. Voglio solo condividere un esempio con te. Se vuoi essere ricco e dici qualcosa del genere a te stesso, voglio essere ricco.

È un obiettivo SMART? Non proprio, perché è un'affermazione generale. Voglio essere ricco. Il momento in cui lo specifichi in base a quanto vuoi essere ricco, quando vuoi essere ricco e come sarai ricco è quando lo rendi un obiettivo SMART. Quindi rispondere a tutte queste domande rende il tuo obiettivo specifico.

È importante rispondere a queste domande e quindi solo allora il tuo obiettivo sarà specifico. arrivando alla nostra prossima terminologia, misurabile, il tuo obiettivo deve essere misurato chiedendoti quanto o quanti come saprò quando sarà raggiunto? Quindi, se sto citando lo stesso esempio dell'ultima volta, voglio essere ricco, beh, di quanto vuoi essere ricco e come saprai quando lo avrai raggiunto? Quindi, rendendolo più misurabile dicendo qualcosa come Voglio essere ricco avendo $ 30 milioni nel mio account, beh, ora lo hai misurato e questo è ciò che è noto come obiettivi misurabili.

La terza cosa è realizzabile. Ora, miei cari amici, è molto importante avere obiettivi che non siano molto irrealistici o irraggiungibili o irraggiungibili. Quindi, a causa del quale potresti essere demotivato se non lo raggiungi. Quindi i tuoi obiettivi devono essere raggiungibili. Deve essere fattibile, è qualcosa che dovresti sapere e fattibile è ciò che è importante.

Deve essere orientato all'azione e deve essere a portata di mano. Vorrei solo specificare che non puoi davvero dire qualcosa del genere. Domani voglio avere cento miliardi di dollari sul mio conto. Quando è realizzabile? Non proprio a meno che tu non vinca una lotteria. Bene, questa è una mia idea, il mio amico è basato esclusivamente sulla fortuna. Quindi, quello che sto cercando di dire qui è di avere obiettivi raggiungibili e non qualcosa che è al di là della tua portata.

Altrimenti ti senti demotivato, e questo non va bene.

Venendo al nostro prossimo acronimo, R sta per realistico. Il tuo obiettivo deve essere realistico, dovrebbe essere reale e pertinente alla tua situazione attuale. È qualcosa che vuoi ottenere e deve essere rilevante per la tua situazione attuale. Se non è rilevante per la tua situazione attuale.

Non è realistico e, quindi, non è un obiettivo SMART. La gente deve credere che sia realistico. Se vuoi raggiungere l'epitome del successo. I tuoi obiettivi SMART devono essere pertinenti a ciò che stai facendo. Potresti studiare in una particolare sezione o diventare arte o commercio. Ma se stai impostando un obiettivo che è di un campo completamente diverso, non è un obiettivo realistico.

L'ultima parte del nostro obiettivo SMART sta per t che è limitato nel tempo, i tuoi obiettivi devono avere un periodo di tempo specifico entro il quale completerai quell'obiettivo.

Ad esempio, voglio essere ricco di $ 30 milioni nell'anno 2019, ad esempio, ora è qualcosa che è vincolato nel tempo perché ci hai messo un arco di tempo, rendendolo ancora più specifico dicendo che il 21 marzo 2019 è quando voglio avere $ 30 milioni nel mio account. Bene, hai stabilito un limite temporale così specifico che il tuo cervello inizia a lavorarci sopra.

Quindi, limiti di tempo, dovresti avere un intervallo di tempo stabilito. Dovrebbe essere realistico e tutti dovrebbero essere consapevoli del tuo periodo di tempo. Quindi cerca di renderlo pubblico e parlane con le persone. Ottimo anche per i tuoi obiettivi SMART. Vorrei condividere con voi alcuni fatti sulla definizione degli obiettivi.

Capiamo quali sono questi fatti specifici, gli obiettivi realistici funzionano sempre meglio. Quindi non avere obiettivi generali, avere obiettivi specifici e realistici che funzionano davvero. Ci vuole tempo perché un cambiamento diventi un'abitudine consolidata. Bene, quando hai iniziato questo processo di definizione degli obiettivi, devi apportare alcuni cambiamenti nel tuo atteggiamento e comportamento. E perché questa diventi un'abitudine consolidata ci vorrà un po 'di tempo. Ma miei cari amici, non perdete la pazienza qui.

Ripetere i nostri obiettivi lo rende valido, quindi inizia a prendere l'abitudine di ripetere i tuoi obiettivi e mantenerli. Piacere agli altri non sempre funziona. Non devi accontentare nessuno. Sii fedele a te stesso e definisci i tuoi obiettivi. i blocchi stradali non sempre significano il fallimento. Bene, quando sei sulla strada per raggiungere i tuoi obiettivi, incontrerai molti ostacoli sulla tua strada e molti ostacoli che potrebbero incontrarti.

Abbi pazienza e cerca di superare questi ostacoli che incontreremo sulla tua strada.

Alcune citazioni per motivarti a fissare i tuoi obiettivi, guardiamole. Senza obiettivi e un piano per raggiungerli. Sei come una nave che è salpata, ma senza destinazione. Se puoi sognarlo, puoi farlo. Quindi sogna i tuoi obiettivi sono le tue mappe stradali che ti guidano e ti mostrano ciò che è possibile.

E infine, un sogno è solo un sogno. Ma un obiettivo è un sogno con un piano e una scadenza. Bene, miei cari amici, spero che queste citazioni vi abbiano motivato, incoraggiato e davvero entusiasta di fissare i vostri obiettivi. Vorrei concludere questa definizione degli obiettivi esortandoti a identificare i tuoi obiettivi. Crea il tuo piano d'azione e raggiungi i tuoi obiettivi. Avere una visione nella vita, avere una missione nella vita. Tienilo sempre davanti a te, che ti farà davvero raggiungere i tuoi obiettivi con molta energia ed entusiasmo. Mai perdere. Quella.

Il prossimo modulo interessante e uno dei miei preferiti personali è chiamato gestione del tempo. Bene, se vuoi essere un leader di livello mondiale, avere un buon equilibrio tra lavoro e vita privata e in generale vuoi avere successo nella tua carriera e nella tua vita. Questo è un modulo a cui devi prestare molta attenzione. Bene, l'agenda di oggi è ciò che tratteremo in questo modulo di gestione del tempo. Alcuni degli argomenti secondari riguardano la gestione efficace del tempo, l'apprendimento di come pianificare e stabilire correttamente le priorità della giornata.

Importanza dei registri del tempo e delle liste di cose da fare e come ti aiutano a gestire meglio il tuo tempo Identificare i nostri perditempo e ladri di tempo. Bene, è importante sapere esattamente dove stiamo sprecando il nostro tempo perché a meno che non sappiamo che non saremo in grado di gestire correttamente il tuo tempo. Quindi capiremo il principio di Pareto di 80 per 20. Questo è un concetto molto importante che è stato coniato dal Sig.

Eason hobo, e ci ha spiegato come funziona questo principio di Pareto di 80 per 20. Bene, parleremo anche della matrice urgente e importante. Questo interessante concetto è stato coniato dal Sig. Steven Covey, e ci ha fatto capire l'importanza tra le attività urgenti e importanti che sono impegnate e quelle produttive.

Quindi, questi sono ciò che tratteremo nel nostro modulo. Iniziamo. Bene, tutti hanno 24 ore al giorno, nessuno ottiene di più e nessuno ottiene di meno. Allora, perché alcune persone fanno sempre fatica a gestire il proprio tempo, corrono sempre da un palo all'altro e cercano sempre di spremere così tanto nelle loro 24 ore, senza avere tempo per se stesse? Alla fine della giornata, queste persone si lamentano.

Non ho tempo sull'altro set. Abbiamo un altro gruppo di persone che sono in grado di gestire tutto il loro tempo in modo molto, molto appropriato, sono in grado di stabilire le priorità, sono in grado di pianificare e sono in grado di realizzare tutto in un giorno. Alla fine della giornata, hanno molto tempo per se stessi e sono sempre produttivi.

La differenza tra questi due gruppi di persone è che quest'ultimo gruppo di persone è sempre il tipo di persone che hanno imparato la tecnica della gestione del tempo. E questo è il motivo per cui abbiamo questa gestione del tempo per aiutarci a diventare produttivi ed essere bravi nel nostro lavoro. Perché abbiamo bisogno della gestione del tempo? Bene, ci sono molti vantaggi associati alla capacità di gestire correttamente il tuo tempo.

E una volta che sappiamo quali sono questi vantaggi, ci sforzeremo sicuramente di migliorare la nostra gestione del tempo. Quindi capiamo quali sono questi vantaggi della gestione del tempo. Il vantaggio più importante è che la gestione del tempo ti aiuta a risparmiare tempo. Ebbene, il tempo è denaro al giorno d'oggi. Il tempo perso non tornerà mai più, vero? Quindi, il tempo risparmiato è uguale al denaro.

La gestione del tempo ti aiuta a ridurre lo stress. Siamo così stressati nella vita di oggi. Perché? Perché ci infiliamo troppo nella nostra giornata senza renderci conto se siamo in grado di gestire il nostro tempo per tutti questi diversi compiti in cui ci siamo concentrati. Quindi ti aiuta a liberarti dallo stress.

La gestione del tempo ci aiuta a funzionare efficacemente come lavoratori costruttivi e produttivi sul nostro posto di lavoro. Aiuta ad aumentare la nostra produttività lavorativa. Ci aiuta ad avere un maggiore controllo sulla nostra responsabilità lavorativa. Quindi siamo effettivamente in grado di funzionare davvero bene ed essere un membro del team produttivo con i nostri dipendenti.

Ti aiuta a stabilire le priorità. Ci aiuta a pianificare meglio i nostri compiti, sapere cosa fare prima e sapere cosa fare per ultimo. Quindi programmare le nostre priorità è qualcosa che sarà un grande vantaggio della gestione del tempo. Ci aiuta a fare di più in meno tempo. E non è quello per cui ci sforziamo tutti, abbiamo tutti così tanto da fare. E così poco tempo, ti aiuta a fare meno in un lasso di tempo. Ci dice di dare una buona qualità del lavoro. E tutti noi dovremmo sforzarci di ottenere un lavoro di qualità piuttosto che finire semplicemente i nostri compiti e svolgere più attività multiple.

La quantità non è così buona. Ma la qualità è sempre migliore, ci aiuta a disciplinarci. E infine, ma non meno importante, ti aiuta ad assicurarti di mantenere ciò che viene promesso. Questi sono alcuni dei vantaggi della gestione del tempo. E sono sicuro che ascoltando tutto questo, vorresti sicuramente imparare come risparmiare tempo, come gestire il tuo tempo.

Ora c'è un concetto molto interessante. Molte persone si sentono impegnate e sono anche produttive. Ben occupato non significa essere produttivi. Impegnato e produttivo sono due cose diverse. Potresti dire che sono molto impegnato a fare qualcosa. Ma quando qualcuno ti chiede cosa sei impegnato a fare? Questo è un punto interrogativo sul tuo viso e non sei davvero sicuro di cosa sei impegnato a fare? Ma tendi a voler essere occupato. Allora qual è la differenza tra essere occupati ed essere produttivi? Capiamo che un po 'in dettaglio sia occupato.

Ci sono persone che hanno più priorità, avranno numerose priorità per se stesse, mentre le persone produttive d'altra parte, si concentrano solo su poche priorità. Preferiscono concentrarsi su un numero di lezioni di cose, piuttosto che riempire le loro giornate con troppe cose. Le persone impegnate rispondono sempre con un sì che non diranno mai di no per un compito o un'attività. Mentre le persone produttive d'altra parte, pensaci sempre due volte prima di dire di sì a qualcuno.

Le persone impegnate quando lavorano, terranno tutte le porte aperte, quindi chiunque può disturbarle e interromperle, il che non è una buona cosa. D'altra parte, le persone produttive quando sono al lavoro, chiuderanno le porte, non ti permetteranno mai di interromperle o fargli sapere, capire di cosa si tratta, continuare a parlare di quanto sono impegnate le persone continuano a saltare. Sono molto impegnato a fare questo e quello. Ebbene, d'altra parte, persone produttive.

Non continuano a insistere su quanto sono occupati. Lasciano che i risultati parlino da soli. E non è sempre un'opzione migliore? Vedono che le persone sono multitasking, faranno molte cose su molte cose. Ad un certo punto, svolgeranno più compiti mentre le persone produttive si concentreranno solo su un compito importante o su un obiettivo importante.

Ora capiamo in base alla ricerca che la nostra mente è concentrata su troppe cose allo stesso tempo, non fornirai un lavoro di qualità in nessuna di queste attività perché la tua mente è in compiti diversi. Tuttavia, se ti concentri su un'attività o un obiettivo particolare, non riuscendo a portarlo a termine, è sempre un'opzione molto migliore. Quindi dovremmo sempre sforzarci di fare questo piuttosto che questo. Persone ben impegnate, chiedono sempre consigli. D'altra parte, le persone produttive, intraprendono azioni reali e portano a termine il lavoro. Piuttosto che chiedere solo consiglio alle persone, lo fanno ma allo stesso tempo fanno il lavoro.

Lavorano sulle loro azioni, piuttosto che parlare alle persone solo di consigli e suggerimenti. Quindi quello che stiamo cercando di dire in questa particolare diapositiva è sempre sforzarci di essere produttivi, piuttosto che essere solo occupati. Ora, uno dei modi molto importanti per gestire il nostro tempo è essere in grado di creare qualcosa che è noto come un diario della produttività.

Ora, un diario produttivo non è altro che un registro delle tue attività quotidiane, di ciò che fai durante l'intera giornata, dal momento in cui ti alzi fino a quando vai a letto la sera. Quindi comprendiamo il diario produttivo, dovremmo avere due riviste, una per personale e una per professionale, è importante biforcare queste due riviste. Etichettalo sempre con l'ora, l'ora del giorno, la data e il tuo nome sul diario.

Dai la priorità alle tue prime tre attività, è molto importante annotare o annotare ciò che vuoi realizzare le tue prime tre priorità della giornata. È importante usare il tuo diario produttivo ogni giorno, non usarlo solo una volta e poi lasciarlo andare per i prossimi 15 giorni e poi riaprirlo. È qualcosa su cui vorrei che lavorassi ogni singolo giorno della tua vita. E questo è il punto cruciale per gestire correttamente il tuo tempo.

Bene, come massimizzi usando il tuo diario della produttività? È importante pianificare la sera prima. Ora il motivo per cui dico di pianificare la sera prima è perché quando dormi la notte, il tuo subconscio è il più vigile in quel momento e qualunque cosa tu alimenti nella mente in quel momento, rimane con te fino alle ore del mattino. Quindi è molto importante. Pianifica il tuo compito la sera prima, piuttosto che farlo dopo esserti alzato la mattina. dai la priorità al tuo compito. Quando parliamo di priorità. Quello che sto veramente cercando di dire è che capisco quali attività devono essere svolte per prime e quanto tempo occorre per seconde, terze e così via.

Dare priorità al compito è molto importante e ne faremo molta luce più avanti nel modulo. Elimina le attività completate, non c'è niente di più compiuto o motivante che mettere un segno di spunta nel tuo diario produttivo dicendo che hai finito questo compito. Ti dà soddisfazione mentale.

E sì, c'è un ormone che viene rilasciato ogni volta che ti senti motivato e orgoglioso e questo è importante. trasferire compiti incompiuti. Se per qualche motivo non sei stato in grado di completare una determinata attività in un giorno, va bene non importa. Puoi ottenere Over il giorno successivo. Anche questo è un modo molto importante per gestire meglio il tuo tempo dovendo fare una lista. La lista delle cose da fare è un concetto che la maggior parte di noi conosce ma non ha davvero praticato. È una domanda che vorrei che tu ti ponessi. Le liste sono molto importanti per assicurarti che tutte le tue attività vengano acquisite, completate entro un punto specifico della tua giornata.

Il motivo per cui diciamo di fare elenchi è importante perché sei in grado di scrivere tutto e sapere quali altre cose devi fare in un giorno. C'è un approccio graduale e vorrei davvero che lo seguissi ogni volta che crei una lista di cose da fare. Quindi capiamo quali sono questi quattro passaggi che ci aiuteranno a fare una lista di cose da fare. Fase uno, cattura tutto ciò che devi fare.

Comunque piccolo o grande. Il compito non ha importanza. Catturi tutto su un pezzo di carta, annotando tutto ciò che deve essere fatto. Small Big non importa. Il secondo passo è seguire il metodo di priorità ABC. Ora, quando dico segui il metodo ABC, quello che sto veramente cercando di dire sono tutti quei compiti che ritieni più importanti, scrivi una a davanti a loro, che ritieni siano meno importanti proprio di fronte a loro. E qualunque cosa tu senta è la meno importante proprio c davanti a loro. In questo modo devi dare la priorità al tuo compito che hai annotato per te stesso.

Il terzo passaggio è che devi annotare quanto tempo richiede ogni singolo passaggio. Ora, quello che vorrei che tu facessi è cercare di capire che ogni attività richiede del tempo che devi dedicare a quella particolare attività.

Quindi qual è il tempo che vuoi dedicare a quello che ti serve per scrivere di fronte a quello. Ci vorrà un'ora, mezz'ora, due ore, devi scriverlo. Il quarto passaggio è, come ho detto prima, da eseguire quando l'attività è completata. È molto motivante sapere di aver realizzato così tanto in un giorno, è motivante, non è vero?

Questo è ancora una volta, un modo molto importante per gestire il tempo, il blocco, il blocco e il contrasto. Ora, quando ci troviamo di fronte a un progetto enorme che dobbiamo fare, è molto travolgente per noi. È qualcosa di cui abbiamo paura o che abbiamo paura di meno apprensioni. Un compito così grande, come lo farò? Bene, hai qualcosa che è noto come blocco a blocchi e placcaggio.

Questo ti aiuterà a gestire il tuo compito travolgente e portarlo a termine. Come dobbiamo fare? Dobbiamo suddividere il progetto se è un grande progetto, suddividerlo in attività gestibili più piccole che ti aiuteranno a iniziare. Secondo, imposta il tempo per un'attività specifica. Quei piccoli compiti che hai, sai, in qualche modo motivati per te stesso.

Cerca di avere una certa quantità di tempo che impiegherai per completare ogni attività, evita le interruzioni. Quando hai bloccato o piuttosto blocchi di piccole parti di un'attività, disponi sempre di un piccolo insieme di tempo da assegnare a ciascuna attività. E inoltre, cercando di non essere interrotto durante ciò quando sei concentrato su qualcosa, per favore dai il tuo cento per cento ad esso.

Evita le telefonate, evita le e-mail o la tecnologia bianca, cerca di concentrarti solo su quell'attività e affronta un'attività alla volta. Come ho detto prima, non fare più cose contemporaneamente. Se ti concentri su un'attività, viene completata molto meglio. Successivamente, parleremo di come dare la priorità al tuo tempo. Ebbene, la gestione del tempo non consiste solo nell'imparare a gestire il tempo, ma anche nell'imparare a gestirsi in relazione al tempo e questo particolare concetto è stato condiviso in modo molto bello con noi dal Sig. Easton. Whoa.

Il signor Easton Hogan ci ha detto che è importante rispondere. Questa volta come dare la priorità al tuo tempo con qualcosa che è noto come una matrice urgente e importante. Comprendiamo cos'è una matrice urgente e importante. Ebbene, cosa è urgente e cosa è importante? C'è una differenza tra questi due termini o sono simili?

Bene, se non fai il compito importante, diventano urgenti e questo è qualcosa che vogliamo evitare. Vogliamo evitare di trovarci in una zona urgente. Quindi iniziamo a svolgere le attività importanti prima che diventino urgenti.

Qui parleremo di quattro quadranti. Quadrante uno che è urgente e importante. Quadrante due che è importante ma non molto urgente. Quadrante tre che non è nemmeno urgente e non importante e quadrante quattro, che è urgente ma non importante. Comprendiamo un po 'in dettaglio cosa sono ora questi quattro quadranti. Il primo quadrante urgente e importante significa che corri sempre per gestire i tuoi problemi urgenti. È una situazione di crisi che stai correndo per riunioni di progetti, cercando di realizzare tutto in un giorno ed è allora che sei in questo quadrante urgentemente e molto importante per te.

Il secondo quadrante è importante ma non urgente. Ora, cosa intendiamo per importante ma non urgente, questi sono determinati compiti che devi assicurarti di svolgere in tempo prima che diventino urgenti. Quindi, alcune cose come la preparazione, la prevenzione, il chiarimento dei valori, la pianificazione della tua vita, i tuoi obiettivi, la tua visione, la spesa per costruire relazioni, il tempo di qualità con i tuoi familiari che vanno anche in vacanza, ricreazioni ecc

Queste non sono cose molto importanti, ma sì, sono importanti se ti dai il tempo di essere nella zona. Il secondo quadrante è molto, molto essenziale e importante essere nel terzo quadrante non è importante ma è urgente per alcune persone, perché sei alla scrivania a lavorare, potresti ricevere alcune interruzioni, alcuni pasti importanti per inviare qualche telefonata importante che arriva a modo tuo.

Ebbene, queste sono cose che vogliamo evitare, perché perché sono urgenti per altre persone. Ma inizi a perdere tempo in questo quadrante perché presti molta attenzione a questi problemi urgenti, incontri, alcuni o altri rapporti che devono essere inviati ecc. Quindi cerca di evitare di essere in questo quadrante.

Il quadrante numero quattro non è nemmeno urgente e non è importante. Una delle attività più importanti che direi ai giorni nostri sono i social media. Siamo così impegnati con il nostro WhatsApp con il nostro Facebook, Instagram, Twitter, ecc. Dedichiamo così tanto tempo a queste attività che metà della nostra giornata è completamente occupata da queste e quindi non abbiamo tempo per i nostri compiti urgenti e importanti.

Quindi qualsiasi posta indesiderata. Alcune telefonate fanno perdere tempo e le attività di fuga non ci aiutano molto a gestire il nostro tempo. Quando siamo in questa particolare zona, stiamo solo sprecando il nostro tempo importante della giornata riempiendolo con queste attività. Ora, tra tutti questi quattro quadranti, se davvero vuoi gestire il tuo tempo saremo nel quadrante numero due, che è importante ma non urgente.

Una volta che inizieremo ad essere nel secondo quadrante, impareremo come gestire la nostra vita e il nostro tempo molto meglio. Adesso parleremo del nostro principio di Pareto, che è la regola 80 per 20. Il signor Pareto ha ideato questo particolare concetto, noto come principio di Pareto, nel lontano 1900. Bene, quello che sta davvero cercando di dire è concentrarsi sul 20% delle tue azioni che raccoglieranno l'80% dei risultati.

Il principio di Pareto dice che metti i tuoi sforzi dove faranno la differenza. La maggior parte di noi cerca di fare troppo in un giorno, piuttosto di realizzare le cose importanti in un giorno, il che richiede solo il 20% di quelle attività, il che ti aiuterà a trarne molti benefici, che è l'80%. Bene, anche se guardi indietro nel tempo, le persone che effettivamente possiedono il 20% della terra guadagnano l'80% dei soldi. Quindi cerca di capire di concentrarti solo su quelle attività che sono importanti solo al 20% ma che in realtà ti daranno l'80% del risultato.

Benefici dell'80-20 Bene, ti aiuta a identificare il compito oi problemi più importanti di cui devi occuparti. In secondo luogo, ti aiuta a concentrarti sulla tua forza. Ora sappiamo tutti quali sono i nostri punti di forza e di debolezza. Quindi ti aiuta a concentrarti su quelle attività che ti piace fare e che ami fare. Quindi concentrati sui tuoi punti di forza.

Ti aiuta a concentrarti completamente. Ora, quando sai cosa devi fare, cerchi di focalizzare la tua attenzione, la tua attenzione al cento per cento su quell'attività. E infine, usi gli strumenti che sono le risorse più necessarie come tempo, energia, denaro, tutto ciò che è necessario per questo particolare 20% delle tue azioni.

Quindi ti aiuta in quanto questi sono alcuni vantaggi dello strumento 80 per 20, consiglio vivamente di iniziare a utilizzare il principio di Pareto e la matrice urgente importante se vuoi gestire il tuo tempo un po 'meglio. Bene, quello che tratteremo ora è uno dei fondamentali della gestione del tempo, che è imparare come affrontare la procrastinazione.

Ora procrastinare significa non voler completare un compito particolare, impostarlo per un'altra ora, data, mese o stai dicendo che vuoi completare i compiti più piacevoli piuttosto che il compito spiacevole, volendo fare il meno importante o cose urgenti piuttosto che cose urgenti e importanti.

Quindi gli esseri umani per natura sono molto pigri e incuranti e non vogliono fare le cose in quel particolare momento. Come affrontare la procrastinazione è qualcosa che ti aiuterà davvero a gestire meglio il tuo tempo e la tua vita? Bene, abbiamo alcuni suggerimenti e trucchi da condividere con te, che ti aiuteranno ad affrontare la procrastinazione.

Ci sono nove modi in cui puoi effettivamente superare questa abitudine di procrastinare. E capiamo cosa sono questi nove modi. Il primo viene eliminato. Bene, se ritieni che un'attività venga ripetuta più e più volte, un altro giorno, un'altra volta un'altra settimana, è meglio eliminare quell'attività perché non è destinata a essere che non sei destinata a svolgere quell'attività, piuttosto meglio cancellarla dalla tua lista.

Il secondo modo è delegato. Ora la delega è un modo molto importante per gestire il tuo tempo, delegare quel particolare compito a qualcuno che ha il tempo, le risorse e l'intelligenza per svolgere quel particolare compito. la delega funziona molto, molto bene se vuoi essere un leader di successo. Il terzo modo è Fallo, esegui il compito, finiscilo. Piuttosto che pensare alla pianificazione, finiscila e fallo.

Il prossimo modo è seguire qualcosa che è noto come regola dei 15 minuti. Ora, ciò significa che quando hai un compito in mano, pensaci bene, se sei in grado di completarlo entro 15 minuti, completalo proprio quella volta, non ritardarlo o non procrastinarlo solo dentro 15 minuti, finiscilo.

La prossima cosa è tagliarlo. Bene, come abbiamo detto prima, se c'è un grande progetto travolgente, che devi fare, e ti stai davvero chiedendo, da dove comincio? Bene, taglialo in pezzi più piccoli, ed è lì che sarai in grado di gestire questo particolare compito.

Il prossimo è chiedere consiglio. Molte volte procrastiniamo un compito o un lavoro particolare perché non abbiamo la conoscenza approfondita di come lo facciamo. Quindi chiedi consiglio. Rischia chiedi agli anziani o chiedi ai tuoi leader chi ti aiuterà a darti quel consiglio consigliato che ti aiuterà a svolgere quel compito piuttosto che procrastinare.

Il modo successivo per affrontare la procrastinazione è stabilire scadenze chiare. La maggior parte dei nostri compiti viene procrastinata perché non abbiamo assegnato una scadenza chiara. Quindi assegna una scadenza al tuo compito perché questo ti aiuterà a superare questa procrastinazione. Il prossimo ti ricompensa. Bene, niente è più motivante che ricompensare te stesso.

Datti una bella pacca sulla spalla dicendo che hai realizzato questa cosa particolare. È motivante ed è davvero buono per la tua autostima e fiducia in te stesso. Quindi la prossima volta che finisci un compito, ricompensati. Il prossimo modo è rimuovere le distrazioni. Quando ti concentri su un compito molto importante e urgente per te stesso. Potrebbero esserci molte interruzioni, distrazioni, per favore È una richiesta per evitare queste distrazioni concentrati solo sul tuo lavoro.

Bene, seguendo questi nove modi per superare la procrastinazione, sei un passo più vicino alla gestione del tuo tempo, molto meglio. Ora, quando parliamo di gestione del tempo, ci saranno sicuramente alcune barriere, alcuni ostacoli, che non ti permetteranno di gestire il tuo tempo. Ebbene, quali sono questi ostacoli e barriere? Capiamo, non avendo obiettivi chiari.

Obiettivi così poco chiari portano davvero alla mancanza o meno della gestione del tempo perché non sai da dove iniziare. Non sai cosa fare o cosa non fare. Quindi avere indicazioni chiare ha obiettivi chiari, perché vuoi svolgere quel particolare compito. Il prossimo è essere disorganizzato.

Niente può essere più irritante e fastidioso dell'essere disorganizzati. Ovunque tu sia, al lavoro oa casa, tieni sempre organizzata la tua tavola e la tua zona.

Bene. Se sei organizzato, puoi fare di più in meno del numero di tempo. Mancanza di pianificazione Se non pianifichi, non sarai mai in grado di programmare correttamente il tuo compito.

Quindi avere sempre una buona pianificazione e definizione delle priorità. Evita interruzioni e interruzioni. Questo è uno dei modi principali per una gestione efficace del tempo quando sei in grado di evitare qualsiasi tipo di interruzione nella tua giornata. Concentrati sul tuo compito che è essenziale e importante.

La parte successiva del nostro modulo sulla gestione del tempo è capire quali sono i nostri perditempo? Perdiamo così tanto tempo nelle nostre 24 ore, non ci crederai, ma sì, è vero. Sprechiamo l'80% della nostra giornata in attività che non sono realmente produttive e che ci portano dove vogliamo essere. Bene, questo è qualcosa che tratteremo sulla gestione del tempo, capendo i nostri perditempo. Quindi evitando interruzioni e distrazioni.

Scarsa pianificazione, incapacità di pianificare bene, perfezionismo. aspettandoci troppo alla perfezione prova a fare tutto da solo, ed è lì che vacilliamo perché non siamo in grado di identificare dove delegare il compito o dove non delegare il compito. assumersi troppe responsabilità, assumersi troppo su se stessi, il che non è una gran cosa da fare.

Gestione della crisi. Sì, troppo socializzare. Tendiamo a socializzare troppo durante la nostra giornata. Cerca di fare troppe cose, incontra troppe persone e trascorri troppo tempo con i nostri amici e familiari, il che potrebbe non aiutarti a risolvere il problema della gestione del tempo, non valorizzando il tuo tempo.

Se non dai valore al nostro tempo, nessun altro valuterà il tuo tempo e la tua mancanza di abilità. Bene, queste sono alcune aree o alcuni problemi che si insinuano quali sono i tuoi perditempo e ladri di tempo. Una volta che sappiamo come affrontare tutte queste cose, siamo un passo avanti verso una migliore gestione del nostro tempo.

Ebbene, vorrei concludere solo dicendo che il tempo è uguale al denaro, il tempo speso o il tempo perso, non torneremo mai più. Impara a stabilire le priorità, impara a programmare le tue priorità, impara a gestire meglio il tuo tempo. Se vuoi essere un leader di livello mondiale se vuoi avere successo nella tua vita, gestisci bene il tuo tempo.

Grazie a tutti per la lettura. E spero che metterai in pratica tutto ciò che hai imparato qui. Grazie e buona giornata.

ISBN 9798690197490

Mediterranean Diet Cookbook

THE MOST FAMOUS SALADS AND STARTERS RECIPES

LHOUSSAINE ZAHID